万国レシピ

福岡在住の外国人が教える世

Dining Internationally

津田晶子　　松隈美紀
TSUDA, Akiko　　MATSUGUMA, Miki

海鳥社

はじめに

「お仕事や結婚、留学などで故郷を離れて福岡に住んでいる外国人に母国のレシピについて話してもらい、日本で手に入る食材を使って実際に再現してみよう」

中村学園大学短期大学部プロジェクト研究班と「リビング福岡」（西日本リビング新聞社発行のフリーペーパー）のコラボレーションとして、この企画は始まりました。本書は、平成27（2015）年4月から平成28年3月までの連載を1冊の本としてまとめたものです。

大学や語学学校で語学を教える教員、日本の大学院で研究する留学生、レストランオーナー、シェフ、主婦など、福岡に住むさまざまな職業の12名の福岡在住の外国人の皆さんが、福岡での楽しい食のエピソードとともに、母国の懐かしい家庭の味を3品ずつ、教えてくれました。日本人向けに味つけを調節したレストランの外国料理とは違って、調理の方法はシンプルであっても、本場の味です。

食物栄養学科の調理部門の教員、松隈美紀がすべての料理を再現して、「ワンポイントアドバイス」を書きました。簡単なレシピも多いので、ぜひ、挑戦してみてください。

英語教員の津田晶子はインタビュー、通訳、レシピの翻訳、コラムを担当しました。協力者の皆さんからお聞きした各国の食文化に

は知らないことや思い込みもあり、学ぶことがたくさんありました。

　この本が皆さんの「食の国際交流」に役立つことが、私たち著者の願いです。

謝辞

　本書は中村学園大学短期大学部プロジェクト研究の助成で出版されました。教育研究支援課の平田純一氏にはプロジェクトの事務サポート、キャリア開発学科の英語教員のトーマス・ケイトン氏にはコーディネート業務、調理助手の伏谷仁美さん、古川茉育さんには、食材調達から調理補助までのサポート、ケリー・マクドナルド氏からは貴重なアドバイス、感謝します。

※本書は、「リビング福岡」（西日本リビング新聞社）において、平成27（2015）年4月12日から平成28年3月12日にわたり毎月第2土曜日（平成27年10・11月は第1土曜日、平成28年1月は第3土曜日）に連載された企画「万国レシピ博覧会」と、同社ホームページ「リビング福岡・北九州」（http://www.livingfk.com）の同タイトル企画をまとめ加筆修正したものです
※本文中、協力者プロフィールの「フクオカン歴」は、取材当時のものです

はじめに 2

カナダ　CANADA …………………………………………… 6

スプリットピースープ 7 ▶ ニンジンとリンゴのサラダ 8
アップルクランブル 9

アメリカ合衆国　USA ………………………………………… 10

デビルドエッグ 11 ▶ ホットジャーマンポテトサラダ 12
シークレットキッシズ 13

イギリス　UK …………………………………………………… 14

コテージパイ 15 ▶ ブリティッシュブレックファースト 16
シェリートライフル 17

▶ 英国食事情　対談　羽根則子 × 津田晶子 18

イタリア　ITALY ……………………………………………… 20

レモンパスタ 21
ナスとパプリカとズッキーニの前菜 22 ▶ ティラミス 23

スペイン　SPAIN ……………………………………………… 24

ガスパッチョ 25 ▶ マッシュルームのタパス 26
トルティーヤ 27

モロッコ　MOROCCO ………………………………………… 28

クスクス 29 ▶ バグリール　モロッカンパンケーキ 30
モロッコミントティー 31

ネパール　NEPAL ……………………………………………… 32

ジャガイモと大根のアチャール 33 ▶ チキンモモ　餃子 34
ラッシー　ヨーグルトドリンク 35

CONTENTS

ミャンマー　MYANMAR ……………………………………… 36
- シャンタミンチン　魚ごはん　37
- チャマネ　ミャンマー風おもち　38 ▶ ミャンマーバナナケーキ　39

タイ　THAILAND ………………………………………………… 40
- ヤムウンセン　41 ▶ ゲーンキャオワン　グリーンカレー　42
- サークー　タピオカココナッツミルク　43

中華人民共和国　CHINA ……………………………………… 44
- 紅焼帯魚　ホンシャオタイユイ　太刀魚の醤油煮込み上海風　45
- 蕃茄炒鶏蛋　ファンチェチャオヂィタン　トマトの卵炒め　46
- 蛋花酒醸圓子　タンフォアチュニャンワンズ　卵入り白玉団子の甘酒風味　47

台湾　TAIWAN ………………………………………………… 48
- 潤餅　ルンビィア　台湾風春巻き　49
- 菜頭粿　ツァイタオグェイ　大根もち　50
- 三杯鶏　サンペイヂィ　鶏肉の合わせ調味料炒め　51

大韓民国　KOREA ……………………………………………… 52
- イカのチヂミ　53 ▶ プデチゲ　54 ▶ ビビンパ　55

▶ 柳橋連合市場を歩く　56

番外編 福岡の縁起食　JAPAN ……………………………… 58
- 博多雑煮　58 ▶ ばらずし　59 ▶ がめ煮　60 ▶ ぼたもち／おはぎ　61

プロジェクトを終えて　座談会　62

カナダ

MENU
Split Pea Soup,
Carrot & Apple Salada,
and Apple Crumble.

　カナダは移民国家であるため、家庭によってさまざまな国の味つけが混在します（ダルシーさんの父方はオランダからの移民、母方はアイルランド系）。

　今回紹介したSplit Pea Soup（割れたえんどう豆のスープ）は一般的なカナダの家庭料理で、Split Peaには緑のものと黄色のものがあります。

　カナダのマフィン（写真右下）は、日本のものよりもサイズが大きく、種類が豊富。甘いおやつ用だけでなく、ベーコンやホウレンソウ、チーズなどが入ったものもあり、朝ごはんから主食として食べることも多いです。

　カナダからの食べ物のお土産には、メープルシロップ、チェダーチーズ、サーモンジャーキー、アイスワインなどが人気だそうです。

ダルシーさん、Thank you！

教えてくれた
**ダルシー・
デ・リント**
さん

Yum Yum!
ヤムヤム
（おいしい！）

フクオカン歴20年。オタワ市出身の大学教員。山と海が近いから九州が大好き。一男一女の父

スプリットピースープ

CANADA

作り方

1. タマネギ、ジャガイモ、ニンジン、ステーキ用のハムは、豆と同じ大きさ7〜8mm角（キューブ状）に切っておく
2. 深めの鍋を火にかけ、サラダ油でハムを炒め、次に野菜を炒めスープ、豆を入れてコトコトと40〜50分程度（豆が少し煮崩れる位まで）煮ると、でき上がり

材料／4人分

- エンドウ豆（水煮缶）……400g
- タマネギ ……1と1/2個（300g）
- ジャガイモ …1と1/2個（300g）
- ニンジン …………3/4本（150g）
- ステーキ用ハム ………200g
- サラダ油………………… 2㋐
- スープ（水1ℓ、チキンコンソメ3個）

㋐=大さじ／㋑=小さじ

♥ワンポイント・アドバイス

わが家の「母のスープ」は、これにカレーパウダーを入れます。秋冬の忙しい週末に前日からコトコト煮込んで、メインディッシュとして焼きたての手作り全粒粉パンと一緒に食べていました。
（談・写真提供ともにダルシーさん）

●本格的に乾燥エンドウ豆を使う場合の戻し方

① 乾燥エンドウ豆は豆の3〜4倍の水にひと晩（約8時間）浸けて戻す

② ①のエンドウ豆をつけ汁ごと鍋に入れ火にかけ、フタをしないで沸騰するまで強火で加熱し、煮立ったら豆をザルに取り、ゆで汁は捨てる

③ 鍋に②の豆と豆が十分かぶるくらいの水を入れ、軟らかくなるまで中火でコトコト煮る

ニンジンとリンゴのサラダ

作り方

1 リンゴは、タテ8等分に切り2cm幅のイチョウ切り、ニンジンは4cm長のマッチ棒状に切る
2 ボウルに **1** とレーズンを入れ、ソースの材料を入れてよく混ぜ、ラップをして冷蔵庫に1時間程度おいて供する

※つくりたてを食べてもよいが、忙しい時にすぐ食べられるように作っておくのによいメニューです

🍴 材料／4人分

リンゴ ……… 1個（200g）
ニンジン ……… 1本（200g）
レーズン ……………60g
〈ソース〉
マヨネーズ …………5 ㊀
レモン汁 ……………1 ㊀
カレー粉 ……………1 ㊁

㊀＝大さじ／㊁＝小さじ

アップルクランブル

CANADA

作り方

1. リンゴの皮をむき、タテ8等分に切り2cm幅のイチョウ切りにする
2. 生地の材料をフードプロセッサーに入れ、ボロボロになるまで撹拌する
   ※バターは1～2cm角に切って入れるとよい。撹拌後は冷蔵庫で冷やしておく
3. オーブンを180℃にセットしておく
4. 耐熱皿に**1**とレーズンを入れ、シナモンを振りかけ、その上に**2**の生地を覆うように全体にかけ、180℃で20～25分程度焼く
   ※オーブンにより、焼き温度、時間は調整してください
5. **4**を皿に取り分けて供する

■ 材料／4人分
〈中身（フィリング）〉
リンゴ ……………1個（200g）
シナモン………………… 1 Ⓣ
レーズン ………………… 40g
〈生地（クラム）〉
バター ………………… 50g
ブラウンシュガー ………… 50g
薄力粉 ………………… 50g
アーモンド（粒）………… 50g
※オートミールを入れてもよい

Ⓣ＝大さじ／ⓣ＝小さじ

MENU
Deviled Eggs,
Hot German Potato Salada,
and Secret Kisses.

アメリカ合衆国

アメリカの一般的なポットラック（持ち寄り）パーティーでは、参加者が飲み物や食べ物を用意するため、ホストは場所を提供するだけということも多いです。「ポットラックだから」と誘われたら、何か持っていくことがマナー。参加人数や必要な物はホストに遠慮せずに聞いてよいとのこと。

移民国家のアメリカでは、宗教や文化上の理由から、特定の食材を食べない「食のタブー」が社会的に認知されています。たとえばイスラム教徒のハラール、ユダヤ教徒のコーシャーミール、まったく動物性食品を食べないヴィーガンなどがあり、それぞれ専用のレストランもあります。

右はアーロンさん提供のジャーマンソーセージの写真。
アーロンさんはドイツ移民4代目なので、教えてもらったのはお母さん直伝のドイツ料理です。

Thanks a million Aaron's mom!

教えてくれた
アーロン・ハーン さん

Delicious!
デリーシャス
（おいしい！）

ウィスコンシン州生まれ、サンディエゴ育ちの大学教員。フクオカン歴7年半。がめ煮、七草がゆ、ラーメンが好き

デビルドエッグ

USA

作り方

1 鍋に卵10個を入れ、卵より3〜4cm上の高さまで水を入れる。強火にかけ沸騰してきたら火を止め、ふたをして12分間おく
2 卵を水で冷やし、殻をむき縦半分に切って、黄身をボウルに取り出す。白身は皿に並べる
3 取り出した黄身にマヨネーズ、塩、コショウを入れてクリーミーでふわふわになるまで混ぜる
4 3をスプーンで2の白身に入れ、好みでパプリカやディルウィードをかける

※タルタル味にするには、少量のマスタード（小さじ2杯くらい）を黄身に混ぜる

絞り袋を使うときれいにできます

材料／4人分

卵 ……………………… 10個
マヨネーズ ……………… 4Ⓣ
塩、コショウ …………… 少々
※好みでパプリカやディルウィード（両方でもOK）を少々

Ⓣ=大さじ／ⓣ=小さじ

🍒 ワンポイント・アドバイス

ポットラックパーティーや前菜、おかずに最適の料理。前もって作っておき、6時間前までに冷蔵庫で冷やしておくとおいしい。マヨネーズの量は、卵のサイズで加減するといいですよ。（アーロンさん）

ホットジャーマンポテトサラダ

作り方

1. ジャガイモは1cm厚さのイチョウ切りにし、ゆでて、ザルにあげておく
    ※ゆですぎないように注意
2. ベーコンは、5mm幅のせん切りにし、フライパンでカリカリになるまで炒めて皿に取る
3. 2のフライパンに粗みじん切りにしたタマネギを入れ、茶色になるまで炒める。次に、薄力粉、砂糖、塩を加え、弱火でさらに1〜2分ほど炒める
4. 3に水と白ワインビネガーを加え、かき混ぜながら沸騰させ、沸騰して1分ほど煮込む
5. 4の中に1と2を加え、全体が混ざるように軽くかき混ぜる
6. 5を器に盛り、温かいものを供する

※温かいものはメインディッシュにもなる。冷たいサラダとしてもおいしい。ジャーマンソーセージ、豚肉、その他の肉料理にも合う。添え物には、ザワークラウト（塩漬け発酵キャベツ）、ピクルス、シチューキャベツ（赤キャベツをとろとろに煮た物）、サラダ、パンがよい

材料／4人分

- ジャガイモ …… 2と1/2個（450g）
- ベーコン（スライス）………… 6枚
- タマネギ（小）………… 1個（150g）
- 薄力粉 ……………………… 2Ⓣ
- 砂糖 ………………………… 2Ⓣ
- 塩 …………………………… 1ⓣ
- 水 ………………………… 150cc
- 白ワインビネガー ………… 70cc

※アップルサイダービネガーが手に入れば最適

Ⓣ＝大さじ／ⓣ＝小さじ

シークレットキッシズ

クッキーの中においしい秘密のチョコレート！

USA

作り方

1. ボウルにバターを入れクリーム状にし、砂糖、バニラエッセンスを入れてよく混ぜる
   ※バターは室温に置いておくと軟らかくなる
2. クルミは細かく砕き **1** の中に入れ、次に薄力粉を入れて全体がよく混ざるように、混ぜる。一つのかたまりになったら、1時間程度冷蔵庫で生地を冷やす
3. オーブンを190℃にセットしておく
4. **2** の生地を16等分に切り分け、キスチョコレートを生地で包む
   ※チョコレートが生地からはみ出さないように注意
5. 天板にクッキングシートを敷き、その上に **4** を間隔をおいて並べ、190℃のオーブンで12分間焼く
   ※オーブンにより、焼き温度、時間は調整してください
6. 焼き上がったら冷まし、粉砂糖をまぶし、器に盛る

材料／4人分

- バター …………………… 150g
- 砂糖 ……………………… 60g
- バニラエッセンス ……… 少々
- クルミ …………………… 100g
- 薄力粉 …………………… 200g
- キスチョコレート ……… 1袋
  （他の一口サイズのチョコレートも代用可）
- 粉砂糖 …………………… 適量
- 天板／オーブンシート …………………… 各1枚

MENU
Cottage Pie,
British Breakfast,
and Sherry Trifle.

Home Style Cooking *from UK*

イギリス

イギリスではインド、中華、イタリア、スペインなどの本格的な多国籍料理を気軽に楽しめます。また、テレビや雑誌でスターシェフが活躍しており、イギリス人の食に対する関心が高まっています。

ブリティッシュブレックファーストは旅行者には人気がありますが、量が多いため、イギリス人は必ずしも毎日、食べているわけではありません。

伝統的なブリティッシュブレックファーストは、フルブレックファーストとも呼ばれ、卵をのせたキッパー（写真右下、魚のくん製）やケジャリー（写真左下、インド風のコメ料理）が出されることもあります。

トーマスさん、Thank you !

教えてくれた
トーマス・ケイトンさん

Delicious!
デリーシャス
（おいしい！）

フクオカン歴19年。イギリス・ドーセット生まれの大学教員。趣味はスキューバダイビング、旅行と食べ歩き

コテージパイ

UK

ⓣ=大さじ／ⓣ=小さじ

作り方
キャセロールに**ミートソース**を入れて**マッシュポテト**をのせ、その上にチェダーチーズをのせて190℃のオーブンで30分間焼く。お皿につぎ分け、塩ゆでしたブロッコリーを添える。

〈ミートソース〉
1. フライパンを熱しオリーブオイルを入れニンニクを炒め、香りが出たらタマネギ、ニンジンの順に炒める。次に牛肉、塩、こしょう、ナツメグを加え、牛肉に火が通るまでよく炒める
2. 1に薄力粉をまぶし入れ全体が混ざるように炒め、赤ワイン、トマト、ウスターソースを加え弱火で20分コトコト煮る。アクを取り味を調え、トロミがついたら火を止める

〈マッシュポテト〉
1. ジャガイモは適当な大きさに切り軟らかくなるまでゆで(約15分)、マッシュポテトを作る
2. 1に牛乳とバターを加え、なめらかになるまでよく混ぜ合わせる

材料／4人分
〈ミートソース〉
- タマネギ(小・みじん切り) ……… 1個(180g)
- ニンジン(同上) ……… 1本(180g)
- ニンニク(みじん切り) ……… 2片
- オリーブオイル ……… 2ⓣ
- 牛肉(ミンチ) ……… 300g
- ナツメグ ……… 1ⓣ
- 塩・こしょう ……… 少々
- 薄力粉 ……… 2ⓣ
- 赤ワイン ……… 80cc
- トマト(水煮缶) ……… 400g
- ウスターソース ……… 2ⓣ

〈マッシュポテト〉
- ジャガイモ … 1と1/2個(300g)
- 牛乳 ……… 50cc
- バター ……… 20g
- チェダーチーズ ……… 100g
  (ピザ用チーズでもよい)
- ブロッコリー ……… 1株(200g)

ブリティッシュブレックファースト

作り方

1. 熱したフライパンでベーコンを焼き、皿に移す。次にそのフライパンで卵を焼き、皿に移す
2. 熱したフライパンでソーセージ、サラミソーセージを焼き、皿に移す
3. 熱したフライパンに小さじ2のオリーブオイルを入れ、トマトとマッシュルームを焼き、皿に移す
4. 熱したフライパンに小さじ2のオリーブオイルを入れ、食パンを焼き、皿に移す
5. 熱したフライパンに残りのオリーブオイルを入れ、せん切りにしたジャガイモを炒めて両面がきつね色になるまで蒸し焼きにし、適当な大きさに切り分け、皿に移す ※ジャガイモは水にさらさない
6. 鍋に大豆のトマト煮を入れ、温めておく
7. 1～6をお皿に盛り、供する

材料／4人分

- 食パン …………………………… 2枚 （サンドイッチ用の厚さ）
- 卵 ………………………………… 4個
- 塩・こしょう …………………… 少々
- ベーコン ………………………… 4枚
- トマト ………………………… 1個（200g）
- ソーセージ ……………………… 4本
- サラミソーセージ ……………… 4枚
- マッシュルーム（大） ………… 8個
- ジャガイモ …… 1と1/2個（300g）
- オリーブオイル ………………… 3Ⓣ
- 大豆のトマト煮（缶） ………… 400g

Ⓣ＝大さじ／ⓣ＝小さじ

シェリートライフル

UK

作り方

1. スポンジケーキにイチゴジャムを塗り、2～3cmのかたまりにちぎって、大きなガラスの器の底に敷き、シェリー酒（またはポートワインかブランデー）を振りかける
2. 水とフルーツ缶詰の果汁を使って400gのゼリーを作り、固まったら**1**の上にのせて冷蔵庫で2時間程度冷やす
3. 鍋に薄力粉と砂糖を混ぜ、卵黄、牛乳を入れてよく混ぜて火にかけ、カスタードソースを作り冷やしておく
   ※薄力粉と砂糖を混ぜてから牛乳を加えるとダマにならない。バニラエッセンスはソースが冷めてから加える
4. 生クリームは、しっかりと泡立てておく
5. **2**の上に**3**、フルーツ缶詰、**4**の順でのせ、その上に季節の果物、アラザンやお菓子用スプレーでデコレーションし、冷蔵庫で冷やして供する

材料／4人分

- スポンジケーキ（丸）……1枚
- イチゴジャム……………40g
- シェリー酒………………2㋕
- ゼリー……………………400g
  （市販のゼリーの素1箱）
- ミックスフルーツ（缶詰）
  …………………………400g
- 生クリーム ……………200cc
- フレッシュフルーツ……適量
  （季節の果物：イチゴ、キウイ、バナナなど）
- アラザン（ケーキ用飾り）
  …………………………少々
- Ⓐ〈カスタードソース〉…400g（薄力粉25g、砂糖70g、牛乳250cc、卵黄2個、バニラエッセンス少々）

㋕＝大さじ／㋑＝小さじ

英国食事情

多国籍の食文化を受け入れてきたイギリスでは、近年、食への関心が高まっており、世界的なカリスマシェフを輩出し、多彩な料理番組が放送されています。イギリスの食研究家でフード編集者の羽根則子さんにお話をうかがいました。

津田 実際に行ってみて感じたのですが、イギリスの人たちは食に対する興味が旺盛で驚きました。書店の料理本コーナーには本が山積みだし、料理番組は日本よりも多いのでは。

羽根 番組自体も増えましたが、内容も多様化しています。一般人がお菓子作りの腕を競い合う番組は圧倒的な視聴率を誇っていますし、有名料理家による食紀行もあれば、障がい者のトレイニー（研修生）を受けるレストランのドキュメンタリーなど、社会問題を扱う番組もあります。もちろん有名シェフによる料理番組も盛んですが、日本の料理番組がえてして「家庭」「誰かのために作る」というイデオロギーが主軸であるのに対し、料理そのものを楽しむという面がクローズアップされています。

津田 ベジタリアンやハラル（イスラム教徒向け）に対する配慮も充実していますし、日本食もブームですね。

羽根 多様な人種が共存するための「社会の寛容さ」

ジャガイモの皮をジャケットにみたてた「ジャケットポテト」

羽根則子（HANE, Noriko）

イギリスの食研究家。編集プロダクション、制作会社勤務を経て、2000年渡英。帰国後フリーランスの編集者・ライター、フードアドバイザー、情報発信サポーターとして食の仕事に携わる。イギリスの食事情と食文化について、執筆、講師、監修、イベント運営・協力など多岐にわたり活動。知る人ぞ知る、イギリスのワインにも造詣が深い。著書に『イギリス菓子図鑑』（誠文堂新光社刊）がある。右（写真）は著書と、編集者・ライターとして手がけた書籍や雑誌など。

イギリスの食、イギリスの料理＆菓子 http://ricorice.exblog.jp/
イギリス菓子の会〜 British Cakes and Puddings 〜
https://www.facebook.com/Igirisukasinokai

夕方以降に軽食と紅茶を楽しむハイティー

が食文化にも反映されていると感じます。ベジタリアンやハラルは当然で、最近はグルテンフリー表記も欠かせません。個人の状態や嗜好にも融通をきかせてくれます。

　日本食はブームというより、すでに定着していて、日本人にとってタイ料理やベトナム料理があたりまえになっているのと近い感覚です。

　日本料理店は増え続けていますし、最近は東京のお鮨の名店がロンドンにオープンして高評価を得ています。

津田　福岡とイギリスで共通した食材はありますか？

羽根　イチゴ、サバ、ネギなどでしょうか。イギリスのイチゴは小ぶりで酸味もあり、初夏がシーズンです。6月下旬に開催されるテニスのウィンブルドン選手権の名物は、ずばり、ストロベリー・クリーム。これはフレッシュなイチゴに生クリームをかけたものです。

　サバは脂がのったものは好まれず、サイズも小ぶり。生食はしませんから、スモークしたサバがスーパーマーケットで売られています。魚介類の燻製はポピュラーで、ニシンのスモークもイギリスで試していただきたいもののひとつです。

　ネギはリーク（リーキ）と呼ばれ粘りがなく食感が違います。ウェールズの代表的な植物で、1ポンド硬貨にも描かれているほどなんですよ。

津田　最後に、羽根さんおすすめの「日本でも作れるイギリスのスウィーツ・トップ3」を教えてください。

羽根　「イートン・メス」は焼きメレンゲと生クリーム、イチゴなどの果物で作るデザートで、食感が軽く、ヘビーな食事のあとでもペロリと食べられます。「トライフル」（本書17頁参照）はイギリス版ティラミス。フィンガービスケットやスポンジケーキの代わりに、カステラで作るのもおすすめです。そして「ウェルシュ・ケーキ」。ケーキとビスケットの中間といったほろほろした食感の素朴な家庭菓子で、大きなマグでミルクティーと一緒に食べると、じわ〜っと温かい気持ちになれますよ。

おばあちゃんのお菓子といった趣の「ウェルシュ・ケーキ」（上）とイギリスの名門校イートン・カレッジ発祥の「イートン・メス」（右）
（共に羽根則子さん提供）

英国食事情

イタリア

Home Style Cooking from Italy

MENU
Lemon Pasta,
Vegetable Mixed Appetizer,
and Tiramisu.

　マローネさんの故郷・ローマはカルボナーラが有名。日本と違って、生クリームや牛乳は入れません。「卵かけパスタ」といった趣です。

　イタリアのクリスマスは、パネトーネやパンドーロなどのケーキやドライフルーツを食べ、家族みんなで過ごします。

　イタリアでは各地方でパンの種類が分かれており、ローマでは食卓にロゼッタ（中が空洞になっているパン）が欠かせないそうです。

　右下の写真2点は、マローネさん提供のカルボナーラとロゼッタ。

　マローネさん、Grazie（グラツィエ）！

Buono!
ブォーノ
（おいしい！）

教えてくれた
**レオナルド・
マローネ**さん

フクオカン歴11年。ローマ出身の語学教師。日本のゴボウはアーティーチョークに似て好き。趣味は料理、音楽鑑賞。唐人町商店街、聖福寺が好き

レモンパスタ

作り方

1. パスタはたっぷりのお湯に多めの塩で、アルデンテ（麺の中央に少し芯が残る程度）にゆでる
2. レモンは飾り用に4〜8枚分を薄く輪切りにし、残りのレモンの皮をすりおろし、果汁を搾っておく
3. フライパンに 2 のすりおろしたレモンの皮とバターを入れて火にかけ、バターが溶けたらレモンの果汁を大さじ4杯ほど加え、ひと煮立ちさせる
4. 3 にゆでたパスタを入れ、生クリームを加えて合わせる
5. 4 を器に盛り、2 の輪切りのレモンを添える。粉チーズをかけてもよい

■ 材料／4人分
パスタ（フェットチーネ）……400g
お湯……………………………… 2ℓ
塩………………………………… 1㋕
生クリーム ……………………120cc
バター……………………………60g
レモン（できれば農薬を使ってないノーワックスのもの）………1個

㋕＝大さじ／㋐＝小さじ

ワンポイント・アドバイス

パスタはソースとからめている間にも熱が通るので、ゆでる時間は表示よりも早めに確認し、様子を見ながらゆでてください。ナツメグを香りづけに加えてもいいですよ。

（マローネさん）

ITALY

ナスとパプリカとズッキーニの前菜

作り方

1. 丸ナスは輪切りにし、グリルでおいしそうな焦げ目がつくように焼く
2. パプリカは全体が焦げるくらいよく焼き、焦げた皮をきれいに水で洗い落とし、縦10等分に切っておく
3. ズッキーニは、1/2本を7mm厚さの縦切りにし、グリルでおいしそうな焦げ目がつくように焼く
4. 1、2、3を各々ボウルに入れ、塩、こしょう、ニンニク、バジル、オリーブオイルでマリネする
5. 4を器に盛り、供する

材料／4人分
- 丸ナス …………1本（120g）
- パプリカ（赤・黄）…各1個
- ズッキーニ… 1/2本（●g）
- 塩／こしょう……………少々
- エクストラバージンオリーブオイル……………適量
- ニンニク（スライス）…1片
- バジル……………3〜5枚

Ⓣ＝大さじ／ⓣ＝小さじ

ワンポイント・アドバイス

オレガノやフェンネルを入れたり、カップレーゼ（トマトとモッツァレラチーズ）を一緒に盛るのもおすすめですよ。　　　（松隈）

ティラミス

ITALY

作り方

1. 卵は卵黄（きび糖を加え白っぽくなるまでよく混ぜる）と卵白に分けて泡立てをする
2. 1を一つにし、よく混ぜ、その中にマスカルポーネを入れて、さらによく混ぜる
3. サヴォイアルディをエスプレッソに浸し器に並べ、その上に2をのせる。これを2回繰り返し、クリームの上にココアパウダーをふりかけ、冷蔵庫で半日ほど寝かす
4. 3を器に盛り、供する

❗ワンポイント・アドバイス

サヴォイアルディにエスプレッソをあまり染み込ませ過ぎないのがコツです。冷蔵庫で半日は置いた方が、取り出すときに形が崩れません。サヴォイアルディの代わりにスポンジケーキを使ってもよいですよ。（松隈）

🍲材料／4人分

卵	4個
きび糖	3Ⓣ
マスカルポーネ（イタリア原産のクリームチーズ）	300g
サヴォイアルディ（棒状のビスケット／市販）	16本
エスプレッソ	適量
ココアパウダー	適量

縦17cm、横13cm、高さ5〜6cmの入れ物

Ⓣ＝大さじ／ⓣ＝小さじ

スペイン

MENU
Gazpacho,
Mushrooms Tapas,
and Tortilla.

スペイン料理は、2010年に地中海料理として、イタリア・ギリシア・モロッコとの4カ国の共同申請により、ユネスコの無形文化遺産に登録されています（日本の和食は、2013年に登録）。

スペインの夏はしばしば酷暑になるため、ビタミンたっぷりの冷製スープ、ガスパッチョが好まれ、地方によってさまざまなバリエーションがあります。今回はイシドロさんの故郷、サラマンカのレシピを紹介。

休日は昼間から夕方まで、数軒のバーをはしごしながら、タパス（オードブル、写真右下）を楽しむ人が多いそうです。

イシドロさん、Muchas Gracias（ムーチャス グラシアス）！

教えてくれた
イシドロ・ディアス・フローレス さん

Qué rico!
ケ リコ
（おいしい！）

フクオカン歴10年。サラマンカ出身の語学教師。趣味は読書、映画鑑賞、ウォーキング。好きな場所は舞鶴公園

ガスパッチョ

SPAIN

作り方

1 トマト、キュウリ、ピーマンはよく洗い、ピーマンの種をとっておく
2 タマネギ、ニンニクは粗みじん切りにする
3 1の野菜とフランスパンをミキサーにかけられるように、適当な大きさに切っておく
4 2と3をミキサーに入れ、塊がなくなるまでミキサーにかける
5 4に塩、オリーブオイル、ビネガーを加え、5秒間ミキサーにかけ味を調え、ボウルに入れてラップをし、冷蔵庫で3時間ほど冷やし、バジルを添えて供する

ワンポイント・アドバイス

好みで、使った野菜やクルトン、リンゴや卵の角切りなどをトッピングしてもおいしいですよ。(イシドロさん)

材料／4人分

熟れたトマト …………… 4個(800g)
　(赤い物がよい)
ピーマン(小) ………… 2個(60g)
タマネギ ………… 1/2個(100g)
ニンニク…………………………… 1片
キュウリ ………… 1/2本(60g)
フランスパン(バゲット) ……50g
　※固くなったものなどを使う。入れなくてもOK
エクストラバージンオリーブオイル
　………………………………… 3🥄
シェリービネガー
　(ワインビネガーでも代用可)
　………………………………… 2🥄
塩…………………………………… 1🥄
バジル(フレッシュ)………適量

🥄=大さじ／🥄=小さじ

マッシュルームのタパス

作り方

1. フライパンを軽く熱し、オリーブオイルを入れ、スライスしたマッシュルームとニンニク、パセリを炒め、さらに生ハムを加え炒める
2. 1のマッシュルームがきつね色になったら、塩、ブラックペッパーで味を調える
3. バゲットを半分に切り(長さは縦15cm)、その上に2とチーズをのせ、160℃のオーブンで3分間焼く

※トースターでチーズが溶けるくらいまで焼いてもよい

■ 材料／4人分

- マッシュルーム……………8個
- ニンニク(みじん切り)……………1/2片
- イタリアンパセリ(みじん切り)…………2ⓉⓈ
- 生ハム(5mm角切り)……………100g
- 塩……………1/4ⓈⓉ
- ブラックペッパー………少々
- エクストラバージンオリーブオイル……………1Ⓣ
- バゲット……………1本
- ゴーダチーズ(サラマンカのチーズ)……………100g

Ⓣ=大さじ／ⓈⓉ=小さじ

🔴 ワンポイント・アドバイス

料理用のガスバーナーで焼くと、本格的なものができます。　　　　(松隈)

トルティーヤ

SPAIN

作り方

1. タマネギはみじん切り、ジャガイモは厚さ5mm、長さ4～5cmのせん切りにしておく
2. フライパンを熱し、Ⓐを入れてタマネギがきつね色になるまで炒める
3. ボウルにⒷを入れて混ぜ、その中に 2 を入れてよく混ぜる
4. 熱したフライパンに、大さじ2のオリーブオイルを入れ、次に 3 を流し入れ、卵が半熟になるように混ぜながら火を通す
   ※焦げないように火加減は中火から弱火にする
5. 全体に火が通ったら、4 を鍋のフタなどを使ってひっくり返し、両面を焼く
   ※皿を使ってもよい

■ 材料／4人分
- Ⓐ エクストラバージンオリーブオイル 4 Ⓣ、ジャガイモ 4個（800g）、タマネギ 1個（200g）
- Ⓑ 卵（M）5個、塩1Ⓣ、ブラックペッパー 少々、イタリアンパセリ（みじん切り）2 Ⓣ
- エクストラバージンオリーブオイル……………… 2 Ⓣ

Ⓣ=大さじ／Ⓣ=小さじ

ワンポイント・アドバイス

好みで、ナス、ホウレンソウ、ズッキーニ、チョリソーなどを加えて、アレンジしてみてください。

（松隈）

Home Style Cooking *from Morocco*

モロッコ

MENU — Couscous, Moroccan Pancake, and Mint Tea.

　北アフリカのイスラム教徒の国であるモロッコでは、金曜日はイスラム教徒の休日のため、家族が集まり、大きなお皿を皆で囲んでクスクスを食べることが多いです。

　イスラム教徒はイスラム暦のラマダンの一カ月の間、日中は飲食を絶ちますが、この時に、フォークやスプーンを買い替える習慣があります。

　モロッコ料理を作るのには非常に時間がかかるうえ、前触れもなく訪れる親戚にふるまうため、主婦は台所で料理をして過ごす時間がとても長いです。

　モロッコの南西部のみに生息するアルガンツリーの実から採れたアルガンオイルは、肌に塗るほか食用にも使われ、ムスンメン（モロッコ風クレープ）やホブス（モロッコ風パン、写真右下）につけて食べるそうです。

　ハリマさん、shukran（シュクラン）！

教えてくれた **ハリマ・イドリシ** さん

Bnina! ビニーナ（おいしい！）

フクオカン歴3年。モロッコのマラケシュ生まれの主婦。趣味は料理。好きな和食は味噌汁とおにぎり
※写真は長女のレイラさん

クスクス

作り方

1. 肉は一口大、トマト、タマネギはさいの目に切り、Ⓐと一緒にタマネギの色が変わるまで中火で炒め、水とひよこ豆を加え20分ほど煮る
2. カボチャ、ニンジンは皮をむきズッキーニと一緒に食べやすい大きさに切り、水に浸す
3. クスクスを皿に広げ、油大さじ1（分量外）をなじませ、塩水300ccを少しずつ加えながら手で混ぜて20分寝かせる
4. 鍋（※）の下段に1、2とほかの野菜、唐辛子をすべて入れて火にかける
   ※二段になっているクスクス鍋を使用。ない場合は、上段は蒸し器、下段は寸胴鍋で代用
5. 3を鍋の上段で20分ほど蒸したら皿にあげ、もう一度塩水300ccを加えて10分寝かせた後、鍋に戻して15分蒸す
6. 大皿に5を広げ、バター大さじ1（分量外）を混ぜ、中心に肉、その上に野菜を並べ、鍋のスープをかける

Ⓣ＝大さじ／ⓣ＝小さじ

材料／4人分

- クスクス …………… 250g
- ヤギ肉 ……………… 500g
- トマト ……… 1個（200g）
- タマネギ …… 1個（200g）
- カボチャ … 1/4個（200g）
- ニンジン …… 2本（400g）
- ズッキーニ …………… 1本
- キャベツ … 1/4個（300g）
- コリアンダー（パセリでも可） …………………… 1束
- 水 ………………… 1.5ℓ
- ひよこ豆 …………… 50g
- 塩水 … 水600cc/塩2ⓣ弱
- 青唐辛子 …………… 1本
- Ⓐオリーブ油50cc、ブラックペッパー・ショウガ・塩 各1ⓣ

ワンポイント・アドバイス

野菜は大きく切るのがモロッコ風です。　（ハリマさん）

MOROCCO

バグリール　モロッカンパンケーキ

作り方

1. イーストと砂糖をぬるま湯で溶かす
2. 材料をすべてミキサーにかけて、30分寝かせる
3. テフロン加工のフライパンにお玉1杯弱の生地を入れ、全体にブツブツが広がるまで片面だけを焼く
4. 好みでハチミツ、バター、砕いたナッツやアルガンオイルと一緒にいただく

材料／4人分

- セモリナ粉 …………………150g
- 薄力粉 ………………………75g
- ドライイースト……………… 1 Ⓣ
- 砂糖……………………………1 Ⓣ
- ベーキングパウダー………… 1 Ⓣ
- ぬるいお湯…………………300cc

Ⓣ＝大さじ／Ⓣ＝小さじ

モロッコミントティー

作り方
1 緑茶葉を入れたポットに熱湯を注ぐ
2 ミント、砂糖を入れ、茶葉が開いてミントの香りが広がるのを待つ
3 ポットを高く持ち上げ、2 が泡立つように注ぐ　※セージ、レモンバーベナ、ライムを加えてもよい

材料
緑茶、砂糖、生のミントの葉
……………………各適量

ワンポイント・アドバイス
モロッコではガンパウダーという中国緑茶を使い、砂糖をたっぷり入れます。　（ハリマさん）

ネパール

Home Style Cooking from Nepal

MENU
Alu Mula Achar,
Chicken Mog Mog,
and Lassi.

　ネパールで肉といえば、マトン（羊肉）か鶏肉。宗教上、牛肉は食べません。また、カースト制度の名残で高齢者の中には豚肉を食べない層もいます。

　ネパール料理は、インド料理、中華料理、チベット料理の影響を受けており、たとえば、今回紹介したアチャールとラッシーはインド、モモはチベットにもある料理です。

　内陸国であるため、魚介類は川魚（写真右下）を食べます。一般的に火を通したものを食べ、スティック状のサラダ以外、生ものは食べません。

　スシルさん、dhanyabaad（ダンニャバード）！

教えてくれた
スシル・ボウデルさん

Mitho Cha!
ミト チャ
（おいしい！）

フクオカン歴7年。ネパール第二の都市、ポカラ出身のレストランオーナー。好きな和食は天ぷら

ジャガイモと大根のアチャール

NEPAL

作り方

1. ジャガイモはゆでて皮をむき、2cmの角切りにする
2. 大根も皮をむき、2cmの角切りにする
3. 熱したフライパンにサラダ油を入れ、フェネグリーク、唐辛子、ターメリックを入れて唐辛子が少し焦げるくらい火を通す
4. ボウルに **1** を入れ、塩、**3** を回しかけ、クミンパウダー、マスタードシード、チリパウダー、ショウガ、ニンニク、**2**、レモン汁を入れて混ぜ、さらに、ヨーグルトを入れてよく混ぜ、器に盛り供する

ワンポイント・アドバイス
油で熱した唐辛子は、小さく砕いて混ぜます。辛味を抑えたいときは、唐辛子やチリパウダーを調整してくださいね。(ポウデルさん)

材料／4人分

- ジャガイモ(メークイン) ………… 2個 (400g)
- 大根 ………… 1/5本 (200g)
- サラダ油 ………… 1Ⓣ
- フェネグリーク ………… 1/2 Ⓣ
- 唐辛子 ………… 2〜3本
- ターメリック ………… 1Ⓣ
- 塩 ………… 1Ⓣ
- チリパウダー ………… 1/2 Ⓣ
- マスタードシード(粉末) ………… 2〜3 Ⓣ
- クミンパウダー ………… 1Ⓣ
- ショウガ(みじん切り) ………… 1Ⓣ
- ニンニク(みじん切り) ………… 1Ⓣ
- レモン汁 ………… 2Ⓣ
- ヨーグルト ………… 3Ⓣ
- ※花椒(あれば) ………… 1/2 Ⓣ

Ⓣ=大さじ／ⓣ=小さじ

チキンモモ 餃子

⊤=大さじ／ⓣ=小さじ

作り方

1. ボウルに鶏ひき肉、タマネギ、ニンニク、ショウガ、Ⓐを入れてよく混ぜる
2. 小鍋にサラダ油を熱し、ターメリックを入れ、油が赤っぽくなり煙が出始めたら火からおろし、1のボウルに回しかけ、スプーンなどでさらによく混ぜる
3. 餃子の皮に、2を大さじ1弱入れて好みの形に包み、強火で15～20分ほど蒸す
   ※皮を手作りする場合は、薄力粉200g、水110ccでよくこねて、直径10cmほどの円形に薄くのばす
4. 3を皿に盛り、ソースと共に供する

〈ソース〉

1. すりおろしたニンニクと潰したプチトマトを器に入れ、電子レンジで3分ほど加熱する
2. 1を少し冷ましたら白ごまペーストを加え、さらにヨーグルトを少しずつ加え、途中でガラムマサラを加えてよく混ぜる
3. 2を器に盛り、パクチーをのせて供する

材料／4人分

- 鶏ひき肉 ……………600g
- タマネギ（みじん切り）………………1個（200g）
- ニンニク（すりおろし）………………1～2片
- ショウガ（すりおろし）……10g
- Ⓐクミン1と1/2⊤、コリアンダーパウダー1⊤、カイエンパウダー1/2⊤、塩1/2⊤
- ターメリック …………1/2⊤
- サラダ油 ……………1⊤
- 餃子の皮(市販・大)…40～50枚

〈ソース〉

- プチトマト……………8個
- ニンニク（すりおろし）…1片
- 白ごまペースト………2⊤
- ヨーグルト……………3⊤
- ガラムマサラ…………2ⓣ
- パクチー（飾り用）………適量

ラッシー ヨーグルトドリンク

作り方
1. 鍋に水と砂糖を入れシロップを作り、ひと煮立ちさせて冷ましておく
2. ボウルにヨーグルト、牛乳、1を入れてよく混ぜ、冷蔵庫で冷やしておく
3. 2をグラスに注ぎ供する

🔴 **ワンポイント・アドバイス**
シロップは、好みでハチミツを入れてもよいですよ。(松隈)

材料／4人分
- プレーンヨーグルト ……400g
- 牛乳 ……………………200cc

〈シロップ〉
- 水 ………………………200cc
- 砂糖 ……………………60g

> MENU
> Shan Hta Min Chin,
> Hta Ma Nae,
> and Banana Cake.

Home Style Cooking from Myanmar

ミャンマー

ミャンマー料理は中華料理とインド料理の影響を受けつつ、独自の食文化を発展させてきました。油をたっぷり使い、唐辛子やショウガを使いますが、マイルドで日本人も食べやすい味です。

ミャンマーでは自国のお茶を使った、豊かなお茶の文化があり、ミルクティーとして飲むほか、発酵させたお茶や漬物にしたお茶など、お茶の葉で作ったさまざまな料理があります（右下の写真はお茶の葉を使ったサラダ）。

ミャンマーでは朝食を家で食べるのではなく、ティーショップなどでとる人が多いそうです。

イ・イ・ソミンさん、kye：ju：tang pa tai（チェーズーティンパーデ）！

教えてくれた
イ・イ・ソミン さん

Kaung tai!
カウンテ
（おいしい！）

フクオカン歴2年。シャン州タウンジー市出身の留学生。母国では大学の英語教員。もち、ラーメン、しゃぶしゃぶが好き

シャンタミンチン 魚ごはん

作り方

1. 米は洗って、分量の水に30分程度つけてから炊く
2. ジャガイモはきれいに洗って皮ごと軟らかくゆで、皮をむいて潰す。トマトは湯むきして粗みじん切りにする
3. 三枚におろした魚を適当な大きさに切り、ショウガを入れてゆで、皮と骨を取り除いてそぼろ状にし、フライパンに油を入れて炒める　※ゆで水は魚が浸る程度
4. ニンニクを弱火でカリッとなるまでから煎りし❹の調味料を混ぜてニンニク油を作る。❺を混ぜて唐辛子油を作る
5. 1の中に2と塩、ニンニク油を大さじ2杯程度入れ、ごはん粒がなくなるくらいまで潰しながら混ぜる
6. 5をおむすびにしてから平らにして皿に盛り、その上に3と、4のニンニクをのせ、好みで❺をかける

材料／4人分

- 米 ………………… 2カップ（320g）
- 水 ……………………………… 520cc
- ジャガイモ ………… 2個（300g）
- トマト ……………… 1個（180g）
- 塩 …………………………………… 5g
- 魚（白身） ……………………… 300g
- ショウガ（薄切り） …………… 10g
- サラダ油 ……………………………… 1㋐
- ❹ニンニクみじん切り 40g、サラダ油200cc、ターメリック1㋑
- ❺唐辛子（種をとる）4～5本、サラダ油200cc

㋐=大さじ／㋑=小さじ

ワンポイント・アドバイス

ミャンマーでは、淡水魚、特にナマズやティラピアという魚をよく使いますが、白身魚なら合いますよ。バナナの葉の上にのせて出します。お米は通常より軟らかめに炊いてください。　（イ・イ・ソミンさん）

MYANMAR

チャマネ ミャンマー風おもち

作り方

1. もち米は洗って水に一晩浸けておく。ザルにあげ、水720ccで炊き上げる
   ※おもちのような食感になるように、軟らかめに炊き上げる
2. ピーナツ50gとゴマをすり潰す
   ※フードカッター等を使うとよい
3. フライパンに油を入れ、ショウガを弱火で2〜3分炒める。次にココナッツスライスを入れて、きつね色になるくらいまで炒める
4. 3に1と2と水50cc入れ、もち米をすり潰すように混ぜ、水分がなくなるまで約10〜15分ほど炒める
5. 4と残りのピーナツを器に入れて供する
   ※フライパンに残った油は他の料理（野菜を炒める等）に使うとよい

🍴 材料／4人分

- もち米……2カップ（350g）
- 水……………………770cc
- ピーナツ………………80g
- ゴマ（炒りゴマ）………15g
- ココナッツスライス……20g
- ショウガ（すりおろし）
  ……………………………30g
- サラダ油……………100cc

チャマネを混ぜるときはけっこう力がいるので、へらが2本あるといいですよ

ミャンマーバナナケーキ

MYANMAR

作り方

1. 皮をむいたバナナをボウルに入れて潰す
2. 1の中にAを入れる。ココナッツミルク、砂糖、溶き卵、薄力粉の順に入れ、最後にサラダ油を入れて全体をよく混ぜる
3. フライパンに2を入れて、弱火で油がしみ出し、ひと固まりになるまで炒める
4. オーブンシートを敷いた天板に、3をケーキのような形に整えながらのせ、表面に薄く油（分量外）を塗り、ケシの実を振りかけ、180〜200℃のオーブンで30〜40分間焼く
   ※パウンドケーキ型があれば、薄く油を塗りその中に入れて焼いてもよい
5. 4を皿に切り分け、供する

材料／4人分

- バナナ……………3本（300g）
- Ⓐ薄力粉100g、ココナッツミルク100cc、砂糖60g、卵1個、サラダ油5Ⓣ
- ケシの実……………5g
- 天板／オーブンシート……………各1枚

Ⓣ＝大さじ／ⓣ＝小さじ

バナナケーキの小麦粉炒めは小麦粉がフライパンから離れてきたら火を止めましょう

MENU
Yum Wunsen,
Green Curry,
and Tapioca Coconut Milk.

タイ

from Thailand

シリサックさんの故郷・イサーン地方（東北部）は特に料理がおいしいことで知られ、もち米を使うことが多い、タイ料理の中でも特に辛い、ココナツミルクは使わないといったことが特徴です。青パパイヤのサラダ（ソムタム、写真右下）が有名です。

タイ料理はオイルをあまり使わないため、胃にもたれにくく、塩の代わりにナンプラーを使うので、塩分控えめでヘルシー。

タイは外食文化で、屋台で食事を買って済ませることも多いようです。また、おなかがすいたらその都度食べるという人も多いため、1日に5度、食事をすることもあるそうです。

クワントンさん、khob khun ka（コップクンカー）！

教えてくれた
クワントン・シリサック さん

Aroi!
アロイ
（おいしい！）

フクオカン歴17年。タイのイサーン出身のシェフ。趣味はTVでのスポーツ観戦。納豆以外の和食は好き

ヤムウンセン

THAILAND

作り方

1. 春雨はゆでて冷まし、食べやすい長さに切っておく
2. イカは食べやすい大きさに切り、塩ゆでしておく。エビは殻のまま塩ゆでし、冷めたら殻をむいておく
3. キクラゲはお湯につけて戻し、せん切りにする。タマネギ、ニンジン、セロリもせん切りにする
4. 豚ひき肉はサラダ油で炒め、冷ましておく。干しエビは水に戻し、粗みじん切りにする
5. ボウルに 1 〜 4 とピーナツを入れ、Ⓐを混ぜて器に盛り、Ⓑを添える

ワンポイント・アドバイス

ドレッシング用のレモン果汁をシークヮーサーにすると、より本場の味に近くなります。　　（シリサックさん）

材料／4人分

- 緑豆春雨……………………40g
- お湯……………………………適量
- イカ……………………………50g
- エビ……………………………4匹
- キクラゲ（乾物）………………3g
- 豚ひき肉………………………50g
- サラダ油………………………1Ⓣ
- タマネギ……………1/4個（40g）
- ニンジン……………1/10本（20g）
- セロリ………………1/3本（20g）
- 干しエビ………………………5g
- ピーナツ（粗みじん切り）……30g
- Ⓐ〈ドレッシング〉…ナンプラー3Ⓣ、レモン果汁3Ⓣ、砂糖2Ⓣ、チリソース（市販）1Ⓣ
- Ⓑ〈添え野菜〉…レタス2枚、トマト1個（180g）、キュウリ1本（120g）

Ⓣ＝大さじ／Ⓣ＝小さじ

ゲーンキャオワン グリーンカレー

作り方

1. 鶏肉は、火が通りやすい大きさ（一口大よりやや小さめ）に切っておく
2. エリンギ、タケノコ、ピーマンは食べやすい大きさに切っておく。ナスは皮をむいて食べやすい大きさに切っておく
3. 火を消した状態で、鍋にカレーペーストとサラダ油を入れ、弱火にかけなじませ、次にココナッツミルク、1の鶏肉を入れて火を通し、鶏肉が煮えたら鶏ガラスープを入れる
4. 3が沸騰してきたら中火にし、2と砂糖、ナンプラーを入れ味を整え、ひと煮立ちしたら火を消す
5. 器に4をを盛り、ご飯と共に供する

🍴 材料／4人分
- 鶏肉（モモ身）……………100g
- グリーンカレーペースト(市販)……………1袋（50g）
- ココナッツミルク………200cc
- スープ（水200cc、鶏ガラスープの素1と1/2 ⓣ）
- 砂糖（三温糖）……………2 ⓣ
- ナンプラー ………1と1/2 ⓣ
- サラダ油……………………1 ⓣ
- ナス …………………1本（100g）
- エリンギ …………2本（100g）
- タケノコ（ゆでたもの）…100g
- ピーマン……………………3個

ⓣ=大さじ／ⓣ=小さじ

🔖 ワンポイント・アドバイス

砂糖は上白糖より、三温糖の方が味に深みが出ます。
(松隈)

タイでは、グリーンカレーにタイバジル（左）とバイマックルー（こぶみかんの葉、右）を入れます

サークー タピオカココナッツミルク

THAILAND

作り方
1. タピオカは少し芯が残るくらいまでゆで、水にとり、冷めたらザルに上げる
2. 鍋に、ココナッツミルク、砂糖、塩、水を入れてひと煮たちさせ、冷ましておく
3. 2の中に1を入れて冷やし、供する

ワンポイント・アドバイス
タピオカはゆですぎないこと。真ん中に白い点が残るくらいがベスト。　（松隈）

材料／4人分
- タピオカ（小粒）………40g
- お湯………………………適量
- ココナッツミルク……200cc
- 砂糖………………………50g
- 塩……………………ひとつまみ
- 水　………………………80cc

Home Style Cooking *from China*

MENU
Hong Shao Dai Yu,
Fan Qie Chao Jidan,
Dan Hua Jiu Niang Yuan zi.

中華人民共和国

　広大な中国では地方によって食文化が異なります。上海料理では小龍包（ショーロンポウ）（写真右下）、上海ガニが有名ですが、今回、紹介してもらったのは上海の一般的な家庭料理です。

　中国の宴会でのマナーとして、ゲストは出入口から遠い席、ホストの接待係は出入口に近い席に座り、飲み物や食べ物を注文します。飲む度に「乾杯」をする習慣があるので、お酒が弱い人はあらかじめ伝えておくといいですね。

　飲み物をついでもらうときは、コップはテーブルに置いたままで、ついでくれるのを待ちます。麺類は音を立てずに食べるのがマナーです。

　右下は、徐さん提供の小龍包の写真。湯気がたっておいしそう！

　徐さん、謝謝（シェシェ）！

好吃！
ハオチー
（おいしい！）

教えてくれた
徐　涛
（じょ・とう）
さん

フクオカン歴16年。生まれも育ちも上海の大学教員。好きな和食はしゃぶしゃぶや刺身など

紅焼帯魚

ホンシャオタイユイ
太刀魚の醤油煮込み上海風

作り方

1. 太刀魚はきれいに洗い、頭、内臓、背びれを取り除き、5cm幅の筒切りにする
2. ボウルに**1**と**Ⓐ**を加え、20分漬け込む
3. **Ⓑ**を混ぜて衣を作り、**2**の太刀魚の表面に軽くつける
4. フライパンにサラダ油を入れて熱し**3**の太刀魚を入れ、弱火で揚げる。表面がきつね色になったら、余分な油をとるように皿に上げる
5. **4**のフライパンの油を少し残し、**Ⓒ**を入れて香りが出るまで炒める。次に**Ⓓ**を加え、その中に**4**を入れて、弱火で煮汁がなくなるまで煮込む。器に盛り、好みで刻んだネギを散らす

材料／4人分

太刀魚（中程度）……………… 2匹
Ⓐ…塩少々、山椒粉少々、中国醤油（または濃口醤油）1㊆、料理酒2㊆、鶏ガラスープの素（中華スープの素）1/2㊉、ショウガ（みじん切り）1/2㊉
Ⓑ…卵白1個分、水2㊆、片栗粉2㊆
サラダ油 …………………………50g
Ⓒ…ショウガ（薄切り）3g、ニンニクスライス3g、刻んだ万能ネギ2本、山椒粉少々
Ⓓ…砂糖2㊆、中国香酢3㊆、中国醤油（または濃口醤油）2㊆、料理酒2㊆
万能ネギ…………………………… 2本

㊆＝大さじ／㊉＝小さじ

ワンポイント・アドバイス

太刀魚は太すぎると味がしみ込みにくいので、中程度のものがいいです。中国醤油があれば、できあがりの色がさらにきれいに仕上がります。　　　（徐さん）

蕃茄炒鶏蛋

ファンチェチャオディタン
トマトの卵炒め

作り方

1. トマトはきれいに洗いヘタを取り、1個を8〜12等分にする
   ※小さく切り過ぎないようにする
2. ボウルに卵を溶いて、料理酒と水を加えよく混ぜる。熱したフライパンにサラダ油大さじ1を入れ、卵を軽く炒め、器に移しておく
3. 2のフライパンに残りのサラダ油を入れ、トマトを軽く炒め水分が出てきたら、砂糖と鶏ガラスープの素を加える
   ※炒めすぎるとトマトが崩れるので注意
4. 2を3に加え、塩、こしょうで味を調える
   ※好みで刻んだネギを加えてもよい

材料／4人分

- 卵（M）……………………4個
- 料理酒……………………2㊤
- 水…………………………2㊦
- サラダ油…………………2㊦
- トマト……………3個（600g）
- 鶏ガラスープの素………1㊦
- 砂糖………………………1㊦
- 塩／こしょう……………少々
- 万能ネギ…………………2本

㊤＝大さじ／㊦＝小さじ

❗ワンポイント・アドバイス

トマトは青色や黄色を帯びている半熟のものが少し酸味があり、好ましいです。トマトの皮を湯むきしない方が、より中国の一般家庭の味が出ます。トマトを炒めるときは強火で炒め、汁が出たら、すぐに卵などを入れて軽く炒めて仕上げます。（松隈）

蛋花酒醸圓子

タンフォアチュニャンワンズ
卵入り白玉団子の甘酒風味

CHINA

作り方

1. ボウルに上新粉を入れ、お湯を入れてよくこねる。ひとかたまりになったら、細い棒状にし、1cm幅に切り、手で丸め団子を作る
   ※団子に火が通りやすいように、小さめの団子を作る
2. 鍋に甘酒と水（2：3の比率）を入れ沸騰したら、氷砂糖、干し枸杞、刻んだ干しナツメ、1 を入れる
3. 2 の氷砂糖が溶けるまで煮た後、溶き卵を鍋に入れ、軽く箸で混ぜる
   ※団子が煮えているか確認すること

材料／4人分

- 上新粉 …………………150g
- お湯 …………………150cc
- 甘酒 …………………240cc
- 卵 ……………………1個
- 水 ……………………360cc
- 氷砂糖 …………………60g
- 干し枸杞（くこ）………20g
- 干しナツメ ………8〜10個

ワンポイント・アドバイス

中国江南地域の伝統的な人気のデザートで、特に冬場や正月に出ます。漢方薬として使用される食材を使っている体に優しいスイーツです。甘味は好みで加減できます。氷砂糖を使用した方が、味がまろやかです（ない時は、砂糖でも大丈夫です）。本来、ドライ桂花、枸杞、ナツメが揃ったほうがよいですが、材料が揃わない時は、甘酒、団子、卵だけでも大丈夫です。　　　　　　（徐さん）

台湾

MENU
Run Bing,
Turnip cake,
and Sanbeiji.

Home Style Cooking from Taiwan

　台菜（タイツァイ＝台湾料理）は、あまり脂っこくなく、家庭的で素朴な味のものが多いです。油で揚げたエシャロット（写真右下）やコリアンダーをよく使います。海に囲まれているため、海鮮料理も有名です。

　台湾は南北に長いため、北部と南部で食文化が違います。林さんの故郷、台湾南部の台南は甘い味つけが特徴的。

　台湾で「肉」といえば、通常、豚肉を指します。牛は農耕で使用する家畜のため、心理的に食べるのを避ける人も多いようです。最近では、信仰上の理由で、素食（台湾式の精進料理）を選ぶ人が増えているそうです。

　林さん、多謝（トゥオーシエ）！

好呷！
ホージャ
（おいしい！）

教えてくれた
林翡筑
（りん・ひちく）
さん

フクオカン歴6年。台中生まれの留学生。台湾料理を日本で再現することが趣味。好きな和食はしゃぶしゃぶ

潤餅 ルンビィア 台湾風春巻き

作り方

1. 卵は少し厚めの薄焼き卵にし、細く切っておく
2. 豚肉もフライパンで焼いて、細切りにしておく
3. キャベツはせん切りにし、塩ゆでにする。もやし、エビも塩ゆでにしておく
4. ニンジンは4〜5cm長のせん切りにし、少量の油（分量外）で炒める
5. 1〜4をきれいに皿に盛りパクチーを添える
6. 落花生粉と砂糖を混ぜておく
7. 春巻きの皮に少量の水を一枚ずつ塗って、電子レンジに20〜30秒かけて軟らかくする　※食べる直前がよい
8. 5、6、7を供し、各自巻いていただく

Ⓣ＝大さじ／ⓣ＝小さじ

材料／4人分

- 卵（M）……………………2個
- 豚肉（ロース、厚さ7〜8mm）……………………1枚
- キャベツ……1/10個（100g）
- もやし……………………100g
- ニンジン……1/2本（100g）
- エビ……………………8匹
- 塩／サラダ油……………適量
- 落花生粉……………………40g
- 砂糖……………………2Ⓣ
- パクチー…………………適量
- 春巻きの皮（市販・大）……4枚

TAIWAN

皿にラップを敷いた上に春巻きの皮をのせ、レンジにかけると巻きやすい

ワンポイント・アドバイス

日本で売っている春巻きの皮は少々硬めなので、電子レンジでチンすると巻きやすいです。台湾の春巻きの具は、生の物は使わず、必ず食材に火を通します。　　　　　（林さん）

菜頭粿　ツァイタオグェイ
大根もち

作り方

1. 干しシイタケ、干しエビは水で戻しておく
2. 干しシイタケ、大根は5cm長のせん切りにし、干しエビ、エシャロットは粗みじん切りにしておく
3. 鍋にサラダ油大さじ1と1/2を入れ、エシャロットをよく炒める。つぎに豚ひき肉を入れ、きつね色になるまで炒める
4. 3に2を入れ、強火で大根が透き通るまで炒め、塩と白こしょうで強めに味をつける
5. Ⓐを作る。ボウルに上新粉、片栗粉を入れ、水を少しずつ加えながら、よく混ぜる
6. 4に5を入れ、弱火でよく混ぜながら火を通し、固く全体に透明感が出てきたら火から下ろす
7. 蒸す容器にサラダ油（分量外）を薄く塗り6を入れ、約1時間蒸し、器ごと冷ましておく
8. 7を切り分け、フライパンにサラダ油大さじ1をひいて焼き、供する

Ⓣ=大さじ／ⓣ=小さじ

🍴材料／4人分

- Ⓐ上新粉150g、片栗粉50g、水250cc
- 大根…1/3～1/4本（250g）
- 干しシイタケ…………4枚
- 干しエビ………………10g
- 豚ひき肉………………50g
- 塩………………………1ⓣ
- 白こしょう……………少々
- サラダ油 ………2と1/2Ⓣ
- エシャロット…………50g

ワンポイント・アドバイス

焼いてそのまま食べるので、味つけは少し強めにしましょう。冷蔵庫で2～3日は保存できるので、少し多めに作りおきをしておくとよいですよ。蒸す代わりに電子レンジ用の器に入れ、10～15分間電子レンジにかけてもOK。（松隈）

三杯鶏

サンペイヂィ
鶏肉の合わせ調味料炒め

作り方
1. 鶏もも肉は一口大に切って、湯通しをする
2. ショウガ、ニンニクはスライス、白ネギは4〜5cmの長さに切っておく
3. フライパンに油を入れ、中火でニンニクをきつね色になるまで炒めたら、別の皿に移しておく
4. Ⓐを混ぜて合わせ調味料を作っておく
5. フライパンにごま油を入れ、2のショウガ、白ネギ、3を入れて炒め、1を入れて強火できつね色になるまで炒め、4を入れて味を絡ませる。最後にバジルを入れて軽く炒め、器に盛り、供する

材料／4人分
- 鶏もも肉……………250g
- お湯…………………適量
- 白ネギ………………15g
- ショウガ……………15g
- ニンニク……………15g
- サラダ油……………2Ⓣ
- ごま油………………2Ⓣ
- バジル（生）………適量
- Ⓐ 酒2Ⓣ、醤油2Ⓣ、砂糖2Ⓣ、塩少々

Ⓣ=大さじ／ⓣ=小さじ

ワンポイント・アドバイス

バジルを少し飾ると見た目がきれいです。合わせ調味料は、いろいろな食材に使えますよ。　（松隈）

TAIWAN

Home Style Cooking *from Korea*

Menu —
Korean Squid Pancake,
Budae jjigae,
and Bibimbap.

大韓民国

　キムチは発酵食品で、とてもヘルシー。鍋物など、調理で使うものは古いくらいの酸っぱい味のものが向いています。

　日本と違う食事のマナーとして、「お椀は持ち上げず、テーブルに置いたままで食べる」「お箸は横方向ではなく、縦方向に置く」「スープにごはんを混ぜて食べることも多い」などがあります。

　「パンアッカン」という店では穀物を持っていくと粉にしてくれます。うるち米を持っていくとおもち（トック）にしてくれ、市販のものとはひと味違う、手作りの味が味わえます。

　韓国の家庭では、でき上がったチヂミを包丁で切らずに大皿にまるごとのせて、箸で取り分けます。

　コンさん、kamsahabnida（カムサハムニダ）！

教えてくれた
孔京美（コン・ギョンミ）さん

Mas iss eoyo !
マシッソヨ
（おいしい！）

フクオカン歴16年。プサン市出身。韓国人の研究者の夫との結婚で来日。一男一女のお母さん

イカのチヂミ

KOREA

作り方

1. ニラ、万能ネギは4cm長に切る。ニンジンは4cm長のせん切り、タマネギは半月に切り、薄切りにする。イカは5mm幅の4cm長に切る
2. 1をボウルに入れ、中力粉、片栗粉、卵、だしの素、水を加えてよく混ぜる
3. フライパンを火にかけ、サラダ油を入れ2の1/4量を薄く伸ばし、裏表をきつね色に香ばしく焼く
4. 3を皿に盛り、箸で取り分け、タレをつける

※好みで青唐辛子を粗みじん切りにして生地の中に加え、焼く

ワンポイント・アドバイス

チヂミには片栗粉を入れると、焼き上がった生地のまわりがサクッとした食感になります。だしの素を入れると、味に深みが出てきますよ。うちのチヂミには青唐辛子を刻んでたっぷり入れます。

（ギョンミさん）

材料／4人分

- イカ …………………100g
- ニラ …………… 1束（100g）
- 万能ネギ …… 1/2束（50g）
- ニンジン …… 1/3本（50g）
- タマネギ…… 1/2個（100g）
- 中力粉（又はチヂミ粉）…200g
- 片栗粉 …………………30g
  （チヂミ粉があれば不要）
- 卵（M）………………… 1個
- だしの素（市販）…… 1㊁弱
- 水 ………………………150cc
- サラダ油 ………………40cc
- ※好みで青唐辛子1本
- タレ（酢20cc、醤油30cc、万能ネギ1本、すりおろしニンニク1/2㊁、唐辛子粉1㊁）

㊁＝大さじ／㊂＝小さじ

プデチゲ

作り方

1. Ⓐを混ぜヤンニョンジャンを作っておく
2. タマネギ、ニンジンはせん切りにする。他の材料は食べやすい大きさに切る
3. 豚肉はⒷで下味をつけておく
4. 鍋に1～3とスープを入れ、火にかけて、出来上がったらラーメン麺を入れる

🍲 **材料／4人分**

- タマネギ …… 1/2個（100g）
- ニンジン …… 1/4本（50g）
- エノキ ………… 小1束
- 白ネギ ……… 1/2本
- キムチ（すっぱいもの） ……………… 200g
- スパム ……… 200g
- ウィンナー ……… 4本
- 魚肉ソーセージ… 1本
- 天ぷら（角、丸天） ……………… 1枚
- カニカマ ………… 2本
- 豚バラ肉（スライス） ……………… 150g
- ラーメン麺（インスタント）………… 1個
- スープ…5カップ（昆布といりこでだしを取って冷ましておく）
- Ⓐ〈ヤンニョンジャン〉…コチュジャン1/2㊆、唐辛子粉3㊆、すりおろしニンニク1と1/2㊥、スープ45cc
- Ⓑ砂糖1/2㊥、酒1/2㊥、コショウ少々、ニンニク1/2㊥、コチュジャン1/2㊥

㊆=大さじ／㊥=小さじ

ギョンミさんのお母さん手作りのコチュジャン

ビビンパ

作り方

1. 豆もやし、ほうれん草はゆでて4〜5cm長に切り調味料であえる
2. シイタケ(薄切り)は調味料で下味をつけサラダ油(分量外)で炒める
3. 大根、ニンジンは5mm幅のせん切り、タマネギは半月の薄切り、ゼンマイも4〜5cm長に切る
4. 大根は鍋に入れごま油で炒め、調味料を入れ蓋をし、中火で味がつくまで煮る。ニンジン、タマネギ、ゼンマイは炒めて調味をする
5. 牛肉はⒶで下味をつけ30分以上置き、水分がなくなるまで炒め調味する。卵は目玉焼きに
6. ご飯を器に盛り、1〜5を彩りよく並べ、中央に目玉焼きをのせ、ごま油、白ごま、コチュジャンを加え全部を混ぜ合わせていただく

材料／4人分

ごはん …………640g
白ごま …………12g
コチュジャン……適量
ごま油…………適量
豆もやし ………200g
[ごま油1と1/2ⓣ、ニンニク(すりおろし)少々、塩1/2ⓣ]
ほうれん草 ………1束(200g)
[ごま油1と1/2ⓣ、塩1/2ⓣ]
生シイタケ(大) ………5枚(100g)
[ごま油1と1/2ⓣ、砂糖1と1/2ⓣ、醤油2Ⓣ、ニンニク(すりおろし)1ⓣ、コショウ少々]
大根…1/5本(200g)
[ごま油1と1/2ⓣ、塩1/2ⓣ、だしの素／水…少々／2Ⓣ]
ニンジン…1本(200g)
[サラダ油1Ⓣ、塩ひとつまみ]
タマネギ …………1個(200g)
[サラダ油1Ⓣ、塩ひとつまみ]
ゼンマイ(水煮)…200g
[ごま油1Ⓣ、醤油2Ⓣ、ニンニク(すりおろし)2ⓣ、酒／水…1Ⓣ／3Ⓣ]
牛肉(ミンチ)…150g
[ごま油1と1/2ⓣ、ニンニク(すりおろし)1ⓣ、砂糖1と1/2ⓣ、酒／コショウ…1Ⓣ/少々]
Ⓐ ニンニク、醤油、コチュジャン各1/2Ⓣ
卵(M) … 4個 [サラダ油1Ⓣ強、塩少々]

Ⓣ=大さじ／ⓣ=小さじ

柳橋連合市場を歩く

航空機やクルーズ船で多くの外国の旅行者が福岡を訪れています。今、気軽に食べ歩きができ、天神からも徒歩圏内の市場として、柳橋連合市場を目指す外国人が増えているそうです。料亭やホテルなど、プロの料理人も認める、Made in Fukuokaの食材が溢れる柳橋中央市場を歩いてみました。

外国人も驚く宇宙いも（大きなムカゴ）天ぷらにするとおいしい！

■ 田中野菜店 （代表：田中誠一さん）

外国人の間で、日本の野菜や果物が注目を集めています。店主の田中さんによると、外国のお客さんが来ない日はないため、英語で応対されることもしばしばで、シンガポール、香港、韓国など、アジアからの観光客が多いそうです。特に人気のある果物は、イチゴ、柿、メロン、リンゴで、大量に買って帰るお客さんも多いとか。田中さんは商品知識が広く、調理方法も教えてもらえますよ。

■ 鮨松月 （代表：松尾健一郎さん）

ここの代表商品はもち、赤飯、和菓子で、日祝日以外は毎日、もちをついているそうです。和菓子は日持ちしないので、お土産向きではありませんが、特にあんこの入ったお菓子は、日本滞在中に食べるおやつ用として人気があります。和菓子には四季があるので、

外国人のお友達を案内したときには簡単に説明できるといいですね。春は桜もち、夏は特製のコーヒー水まんじゅう、秋は串団子、冬は豆大福がおすすめ。

1合から5升までの鏡餅が並ぶ蛸松月

■ やまくま蒲鉾（代表：深町剛弘さん）

かまぼこやちくわ、ちぎり天が外国人に好評です。ここの商品は午前中に製造し、午後から店頭に出すため、出来立ての商品が買えます。コーン天、きくらげ天、たこやき天などがあり、ちぎり天には、英語、中国語、韓国語の標記が添えてあります。以前、留学生がアルバイトをしていた時に外国語標記の作成を手伝ったとか。

国によってはゴボウが苦手、という場合もあるので要注意

■ 江崎製茶園（代表：江崎静男さん）

台湾や香港、上海のお客さんが増えているそうで、英語で応対することも多いですが、親日的で日本語で話そうと努める外国人のお客さんも多いとのことです。一番人気は日本料理や高級中華料理に使用する最高級のシイタケ「天白どんこ」です。八女茶のほか、年末は正月飾り、栗のお箸などを扱っています。

柳橋連合市場（やなぎばしれんごういちば）
鮮魚、野菜、果物、お肉はもちろん、明太子、またワインやお茶まで買うことができる「博多の台所」。毎月第三木曜日は定例売り出し日、毎週土曜日は柳橋鮮魚土曜市（正午より）、不定期だがマグロの解体ショーも行っている。
定休日：日祝日／住所：福岡市中央区春吉１丁目5-1／電話：092-761-5717

番外編 福岡の縁起食 ■日本 from Japan

博多雑煮

汁は焼きアゴ（トビウオ）、昆布、カツオでとった澄まし仕立てのうまみの効いた汁。玄界灘で獲れた大ブリは、2日ほどべた塩（ふり塩：10%以上）をし、生臭みをとり、身をしめて使われました。縁起を担いで、丸い具材には包丁目を入れず、この地方特有のカツオ菜（勝男名）を軟らかくゆでて使います。

作り方

1. だし汁を作る。鍋に水を用意し、昆布を入れ、焼きアゴは腸を取り除いて小さく裂き、昆布とともに水につけておく。このまま火にかけ、沸騰直前に昆布を取り出し、5～6分弱火で煮出し、カツオ節を加え1分くらい煮て火を止め、5分程度おいておき、静かにこす
2. 塩ブリは水で洗い4つに切る。里芋とニンジンは皮をむき、軟らかく下ゆでしておく。シイタケは水で戻す。カツオ菜は塩ゆでし、水気をしぼり3cm長に切っておく。かまぼこは8切れに切る
3. 2（カツオ菜以外）を1人分ずつ竹串に彩りよく刺す（こうしておくと具が壊れにくく、盛りやすい）
4. 鍋に1を入れ、3を入れてブリに火が通るまで2～3分煮てⒶを加える
5. もちは一度水洗いして粉を落とした後、だしに使った昆布とともに鍋に入れ、水からゆでる
6. 椀にもちを入れ、その上に串から抜いた具を並べ、汁にくぐらせて温めたカツオ菜を盛り、熱い汁を注ぐ。吸い口に松葉ゆずを添えると風味もよい

材料／4人分

- 丸もち（小）……… 4個
- 塩ブリ ……………120g
- 里芋（1個50g程度）……………2個
- ニンジン… 1/5本(40g)
- 干しシイタケ……… 4枚
- カツオ菜 ……… 1/2束(150g)
- 板付きかまぼこ ……………1/2本
- だし汁（水1200cc、カツオ節7g、焼きアゴ3匹、昆布10g＝10cm角1枚）
- Ⓐ塩2/3～1ⓣ、酒1と1/2ⓣ、濃口醤油1と1/2ⓣ
- ゆず ……………1/4個
- 竹串………………4本

Ⓣ＝大さじ／ⓣ＝小さじ

ばらずし

作り方

1. すし飯は、炊飯器の中に洗米した米と🅐を入れ、昆布だし汁を3合の目盛まで入れてよく混ぜてから炊く
2. 具のニンジン、干しシイタケは2～3cm長のせん切りにする。ゴボウはささがきにし、水につけアク抜きをしておく
3. 鍋に**2**と🅑を入れて、具材が軟らかくなり、煮汁がなくなるまでコトコト煮る
4. 炊きあがったすし飯をボウル（すしおけ）にあけ、**3**をごはんの粘りがでないように、切るようによく混ぜる
5. 薄焼き卵を焼き錦糸に切り、皿に盛った**4**の上に、切りのりと共に彩りよく盛りつける

🔴 ワンポイント・アドバイス

炊飯をする時に、調味料がよく混ざるように混ぜることと、具材を煮る時に、煮汁が残らないように煮るのがコツ。　（松隈）

🍳 材料／4人分

〈すし飯：炊き込み〉
米……………………………3合
だし汁（水1ℓ、昆布10g＝10cm角1枚　※水に昆布を30分～1時間浸けておく）
🅐酢90cc、みりん90cc、砂糖1Ⓣ、塩1ⓣ

〈薄焼き卵〉
卵2個、塩ひとつまみ、砂糖1Ⓣ強

〈具〉
ニンジン1/4本（80g）、干しシイタケ6枚、ゴボウ1/2本（80g）
🅑だし汁300cc、みりん2Ⓣ、砂糖2Ⓣ、薄口醤油1Ⓣ、塩1ⓣ
切りのり ……………… 3g

Ⓣ＝大さじ／ⓣ＝小さじ

JAPAN

がめ煮

作り方

1. 鶏肉は一口大に切る
2. ニンジン、タケノコ、レンコン、ゴボウ、里芋は、乱切りにする
3. インゲンは、塩ゆでして半分に切っておく。干しシイタケは水に浸けて戻し、半分に切っておく
4. 鍋を火にかけ、サラダ油を入れて鶏肉を炒める。表面が白っぽくなってきたら、だし汁を入れて、アクがでてきたらアクを取り、5分程煮る
5. 4に2と干しシイタケを入れて5分程煮たら、Ⓐを入れて中火よりやや弱火でコトコト煮る
6. 煮汁が鍋底に少し残るくらいになったらゆでたインゲンを入れ、強火で煮汁をからめる
7. 6を器に盛り、供する

Ⓣ＝大さじ／ⓣ＝小さじ

材料／4人分

- 鶏肉（モモ身）…………250g
- ニンジン……1/2本（80g）
- タケノコ………………80g
- レンコン………………80g
- ゴボウ………1/2本（80g）
- 里芋(中)…8～10個（300g）
- 干しシイタケ……………6枚
- インゲン…………………8本
- サラダ油…………………2Ⓣ
- だし汁（前頁参照）……400cc
- Ⓐ濃口醤油 2Ⓣ、みりん2と1/2Ⓣ、砂糖 4Ⓣ、塩 1ⓣ

ワンポイント・アドバイス

里芋はぬめりがでるので、さっとゆでて入れてもよい。その時は、煮崩れないように調味料を入れた時に入れる。　　　（松隈）

ぼたもち／おはぎ

作り方
1 洗米した米（もち米、うるち米）を分量の水で炊き、半潰しにし、10～12個に丸める
2 丸めた1を粒あんで包み器に盛り、供する

🍡 **ワンポイント・アドバイス**
好みでけしの実をふりかけてもよい。（松隈）

```
🍚 材料／10～12個
もち米 ·················· 160g
うるち米 ················· 80g
水 ······················ 400cc
小豆餡（つぶあん／市販）
    ······················· 1kg
```

つくったのは 伏谷仁美 です　松隈美紀 です　古川茉育 です

JAPAN

プロジェクトを終えて

「福岡在住の12か国の外国人に3品ずつふるさとの味を紹介してもらう」というプロジェクトを終えて、連載した「リビング福岡」の前田和美編集長、カメラマンの松嶋仁さん、著者である松隈美紀と津田晶子の4名が集まりました。全体のコーディネートを前田編集長、レシピの和訳や通訳、記事執筆を津田が担当し、松隈はすべての料理を外国人協力者のレシピをもとに再現。協力者のご自宅に伺ったり、中村学園大学の調理室に来ていただいたりして、一緒に料理を作りました。

Symposium 座談会

こだわりのイタリア&スペイン料理

津田 松隈先生、料理の再現は大変でしたか?

松隈 まぁ調理はそうでもありませんでしたが、怒涛のような日程で(笑)。スペインやイタリアの方は、レシピの再現に忠実でしたね。食材は結構入手できたんですが、スペインが大変でした。生ハムの塊とか。イタリアの方には食材を持って来ていただきました。

前田 そういえば、あまり生ハムの塊って売っていませんよね。

松隈 イタリアの方はパンにもこだわっていましたし。

津田 「朝に買ってしまったからよくない」と。

松嶋 焼きたてじゃないとダメなんですね……。

津田 「コーヒーを飲むときもイタリアの水でないと飲まない。イタリアのコーヒーだから。だって日本の緑茶は日本の水で入れた方がおいしいでしょ」とのこと。

全員 あ、そうか!

松嶋 食に関して興味がある人の料理は、とことんうまかったですね!!

食から見える各国の文化

津田 取材日程を決めるのが、宗教上のこともあって大変。ラマダン(イスラム暦の9月。イスラム教徒は断食を行う)があるし、金曜日は

休日だからダメだし。

松隈 モロッコですね。取材中、お祈りの時間になって中断したり。

津田 中国での食事中のマナーのお話も、中国人とビジネスをする時の円卓の座り方とか、とてもためになりました。アジアの人とお付き合いする時に聞いておかないと。

　韓国も、お箸の並べ方とか、食器は持ち上げないとか、日本とはマナーが違う。各国のマナーが学べる本があるといいですね。逆にこちらのマナーも教えた方がいいのでは、とも思います。

　あと気の毒なのが、ミャンマーのお好み焼き事件。ミャンマーの方に日本に来ておいしくないと思ったものは何かと聞いたら「お好み焼き」。ソースをかけることを知らなくて、そのまま食べたみたい。

前田 店員さんは教えてくれなかったんですかね……。

津田 留学生同士で食べに行ったそうで。「味つけは自分でやらなきゃいけなかったんだよ」と言ったら「えー！　そうだったの？」と。

　留学生だけでおつき合いしていたら、ずっと日本の料理を食べないまま終わってしまうかも。

　今回協力していただいた方でも、日本人と結婚した方はそういったこともご存知だけど、そうでない方は気の毒ですよね、異文化のことがわからなくて。

　ところで、この本に載っている全40品の中で、日本の一般的な主婦が作れるのは何品くらいあるんでしょう？

松隈 食材さえ手に入れば、全部できますよ！

前田 見ているだけで楽しいという読者の声がありました。私は見ているだけで満足です（笑）。

外国人協力者のレシピをもとに料理を再現する松隈（左）と、取材をする津田（右）

津田晶子（つだ・あきこ／写真右）
中村学園大学短期大学部准教授。博士（比較社会文化）、修士（英語科教授法）。通訳案内士。百道中学校、修猷館高校、九州大学を卒業後、外資系航空会社地上総合職、ビジネス翻訳業を経て大学英語教員に。英国レディング大学客員研究員（2013年度）。好きな福岡の食べ物は母の作る博多雑煮とあまおう。ラーメンはバリカタ。

松隈美紀（まつぐま・みき／写真左）

中村学園大学短期大学部教授。学術博士、栄養士、調理師、フードスペシャリスト。百道中学校、中村学園女子高校、中村学園大学家政学部食物栄養学科卒業後、中村学園大学家政学部助手、短期大学部食物栄養学科助教、講師を経て現在、教授として、基礎・応用調理学実習フードコーディネート論を担当。趣味は食べ歩き、市場見学。好きな和食は母親が作るばらずし。

二人の共著として、『英語で楽しむ福岡の郷土料理』（海鳥社）がある。

■写真撮影

松嶋仁（スタジオサラ）　P.6・7・8・9・10・11・12・13・14・15・16・17・20・21・22・23・24・25・26・27・36・37・38・39・48・49・50・51・59・60・61（以上、すべて料理の完成写真）

新本真太郎（スタジオサラ）　P.32・33・34・35・44・45・46・47
（以上、すべて料理の完成写真）

「リビング福岡」編集スタッフ　外国人協力者の肖像すべて／料理作業過程の写真すべて／P.18「英国食事情」羽根則子氏肖像と著書／P.28 ホブスとアルガンオイル／P.36 お茶の葉サラダ／P.48 油で揚げたエシャロット／P.52 箸でとりわけるチヂミ／P.63 著者の作業風景／P.64 著者近影／P.28・29・30・31・40・41・42・43・52・53・54・55（以上、すべて料理の完成写真）

■協力　西日本リビング新聞社

万国レシピ博覧会
ばんこく　はくらんかい
福岡在住の外国人が教える
ふくおかざいじゅう　がいこくじん　おし
世界の家庭料理
せかい　かていりょうり

2016年4月1日　第1刷発行

著者　津田晶子　松隈美紀
発行者　杉本雅子
発行所　有限会社海鳥社
〒812-0023　福岡市博多区奈良屋町13番4号
電話092(272)0120　FAX092(272)0121
印刷・製本　株式会社西日本新聞印刷
ISBN978-4-87415-971-2
[定価は表紙カバーに表示]
http://www.kaichosha-f.co.jp